La geografía de California

Lisa Greathouse
y Ted Fauce

Asesoras

Kristina Jovin, M.A.T.
Distrito Escolar Unificado Alvord
Maestra del Año

Andrea Johnson, Ph.D.
Departamento de Historia
Universidad Estatal de California, Domínguez Hills

Créditos de publicación

Rachelle Cracchiolo, M.S.Ed., *Editora comercial*
Conni Medina, M.A.Ed., *Redactora jefa*
Emily R. Smith, M.A.Ed., *Realizadora de la serie*
June Kikuchi, *Directora de contenido*
Caroline Gasca, *M.S.Ed., Editora superior*
Marc Pioch, M.A.Ed., y Susan Daddis, M.A.Ed., *Editores*
Sam Morales, M.A., *Editor asociado*
Courtney Roberson, *Diseñadora gráfica superior*
Jill Malcolm, *Diseñadora gráfica básica*

Créditos de imágenes: pág.6 National Aeronautics and Space Administration; pág.17 Library of Congress [LC-USZ62-27397]; todas las demás imágenes cortesía de iStock y/o Shutterstock.

Library of Congress Cataloging-in-Publication Data
Names: Greathouse, Lisa E., author.
Title: La geografía de California / Lisa Greathouse, Ted Fauce.
Other titles: Geography of California. Spanish
Description: Huntington Beach, Calif. : Teacher Created Materials, 2020. | Includes index. | Audience: Grade 4 to 6.
Identifiers: LCCN 2019016020 (print) | LCCN 2019980048 (ebook) | ISBN 9780743912563 (paperback) | ISBN 9780743912570 (ebook)
Subjects: LCSH: California--Geography--Juvenile literature. | California--Description and travel--Juvenile literature.
Classification: LCC F861.8 .G7418 2020 (print) | LCC F861.8 (ebook) | DDC 917.9404--dc23

Teacher Created Materials

5301 Oceanus Drive
Huntington Beach, CA 92649-1030
www.tcmpub.com

ISBN 978-0-7439-1256-3

© 2020 Teacher Created Materials, Inc.

Contenido

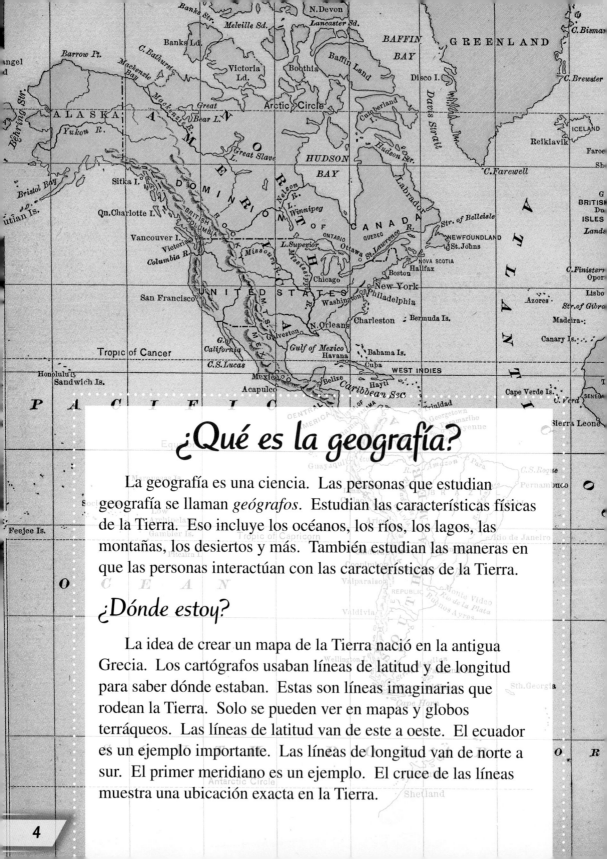

¿Qué es la geografía?

La geografía es una ciencia. Las personas que estudian geografía se llaman *geógrafos*. Estudian las características físicas de la Tierra. Eso incluye los océanos, los ríos, los lagos, las montañas, los desiertos y más. También estudian las maneras en que las personas interactúan con las características de la Tierra.

¿Dónde estoy?

La idea de crear un mapa de la Tierra nació en la antigua Grecia. Los cartógrafos usaban líneas de latitud y de longitud para saber dónde estaban. Estas son líneas imaginarias que rodean la Tierra. Solo se pueden ver en mapas y globos terráqueos. Las líneas de latitud van de este a oeste. El ecuador es un ejemplo importante. Las líneas de longitud van de norte a sur. El primer meridiano es un ejemplo. El cruce de las líneas muestra una ubicación exacta en la Tierra.

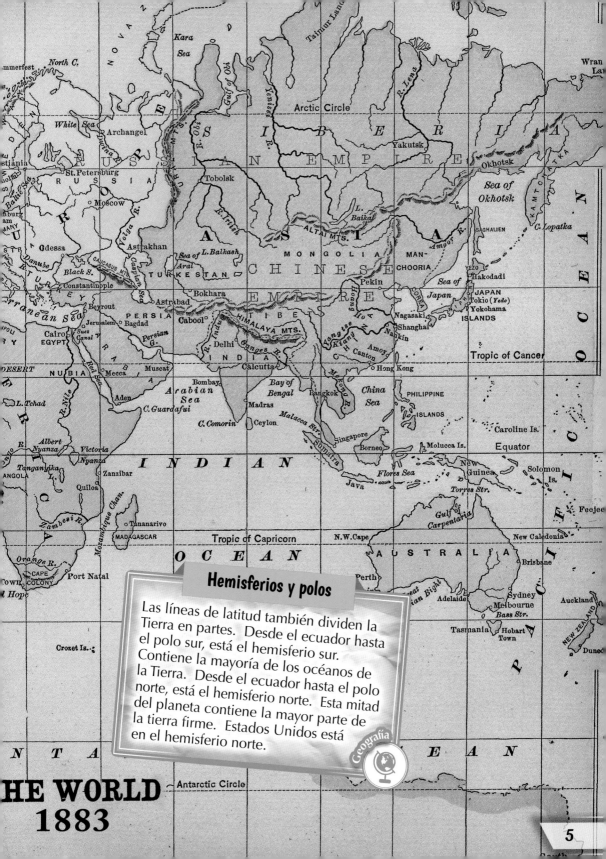

Hemisferios y polos

Las líneas de latitud también dividen la Tierra en partes. Desde el ecuador hasta el polo sur, está el hemisferio sur. Contiene la mayoría de los océanos de la Tierra. Desde el ecuador hasta el polo norte, está el hemisferio norte. Esta mitad del planeta contiene la mayor parte de la tierra firme. Estados Unidos está en el hemisferio norte.

Geografía

HE WORLD
1883

5

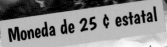

Moneda de 25 ¢ estatal

La moneda de 25 ¢ de California muestra a John Muir. A Muir le encantaba la naturaleza y quería protegerla. En la moneda, Muir está observando la formación Half Dome. El Half Dome es uno de los muchos tesoros naturales del valle de Yosemite. La moneda incluye también un cóndor de California. Ese cóndor es el ave terrestre más grande de América del Norte.

★ Sacramento

•San Francisco

•San José

Océano Pacífico

•Monterrey

Sierra Nevada

"¡Lo encontré!"

El **lema** de California es *Eureka*. Significa "lo encontré" en griego antiguo. Se cree que el término tiene que ver con el descubrimiento de oro durante la fiebre del oro. También es adecuado porque hay muchas cosas para descubrir en el estado. California es el tercer estado más grande en superficie. Sin embargo, tiene más habitantes que cualquier otro estado. Limita con tres estados. Oregón queda al norte; Nevada, al este; y Arizona, al sureste. El océano Pacífico representa el límite oeste del estado. La costa mide 840 millas (1,352 kilómetros) de largo. ¡No hay otro estado como California!

Símbolos del estado

Cada estado tiene sus propios **símbolos**. Esos símbolos muestran lo que el estado tiene de **singular**. Los habitantes del estado están orgullosos de esos símbolos. Algunos símbolos cuentan sobre la historia del estado. Otros se basan en las plantas y los animales del estado. Muchos de los símbolos de California se relacionan con su geografía.

Sello estatal

La geografía de California está representada en el sello estatal. En el fondo, se ven montañas cubiertas de nieve y colinas. Se ven barcos navegando junto a la costa. Para representar la fiebre del oro, se muestra a un minero buscando oro. Incluso hay un oso pardo comiendo uvas. La mujer del sello es Minerva. Simboliza el veloz establecimiento de California como estado.

Regiones de California

Una región es un área geográfica grande. Las regiones se pueden describir de varias maneras. Una es el terreno, como las Grandes Llanuras o las Montañas Rocosas. Otra es la vida vegetal y animal que crece y vive allí. Las regiones también se pueden definir por la cultura de sus habitantes.

California está dividida en cuatro regiones:

- La *región costera* bordea el océano Pacífico. Hay playas, puertos y colinas. La mayor parte de la población vive en esta región.

- La región del *Valle Central* también se conoce como Gran Valle de California. Es una zona cálida y buena para el cultivo.

- La *región montañosa* tiene dos **cordilleras** que la cruzan de norte a sur. Son la Cadena Costera y la Sierra Nevada. Ambas cordilleras son altas, rocosas y nevadas.

- La *región desértica* es muy calurosa y seca. Se ubica en el sureste del estado.

monte Whitney

Dos extremos

La cima del monte Whitney está unos 15,000 pies (4,572 metros) sobre el nivel del mar. Está en la cordillera de Sierra Nevada. Es el punto más alto de Estados Unidos continental. La cuenca Badwater, en el Valle de la Muerte, está 282 pies (86 metros) bajo el nivel del mar. Es el punto más bajo del país. ¡Entre estos dos lugares, hay apenas unas 135 millas (217 kilómetros) de distancia!

Geografía

Regiones de California

- costera
- Valle Central
- montañosa
- desértica

Las cuatro regiones de California tienen sus características particulares. La región costera es especial porque la costa es muy extensa. En realidad, la región está dividida en tres partes: la costa norte, la costa central y la costa sur.

La costa norte

La costa norte comienza con las playas del condado Del Norte, en la frontera con Oregón. Se extiende hacia el sur hasta el puente Golden Gate. San José, San Francisco y Oakland son las ciudades más grandes de esta zona. Aquí se encuentran las secuoyas gigantes. La secuoya es el árbol más alto del mundo.

La economía de la región es el producto de su geografía y su clima. La pesca y la explotación forestal florecen en la costa. El clima es ideal para el cultivo de uvas. El turismo es una actividad muy importante en la región. Llegan visitantes de todo el mundo para ver la belleza natural de la costa norte.

Silicon Valley

San José es la ciudad más grande de Silicon Valley. Silicon Valley es el centro tecnológico de Estados Unidos. Allí tienen su sede muchas empresas, como Apple®, Google® y Tesla. El nombre proviene del silicio que hay allí. Ese elemento se usa en la fabricación de chips de computadora.

Economía

Terremotos costeros

La mayor parte de la población del estado vive en la costa. Bajo la superficie de California, hay dos enormes pedazos de tierra llamados **placas**. La zona donde las placas se juntan es una **falla**. Se juntan cerca de la costa. A veces, cuando las placas chocan, se producen terremotos.

Geografía

puente Golden Gate

La costa central

La costa central se extiende desde la bahía de Monterrey hasta Ventura. En esa área, se encuentra parte de la geografía más interesante del estado. Hay millas de playas y costas rocosas. Allí se nada y se practica surf. En la región, también hay pequeños bosques de secuoyas. Hay paisajes desérticos con dunas enormes. Se practican muchos deportes al aire libre en esta región.

La costa sur

La costa sur se extiende desde Los Ángeles hasta San Diego. Estas son las dos ciudades más grandes de la Costa Oeste. La costa sur es famosa por sus playas de arena y su clima agradable. Más de un millón de personas visitan esas playas cada año. Pero la costa sur también tiene una población grande y de mucha **diversidad**. Son unos 24 millones de habitantes.

La costa sur también muestra una gran diversidad en otros aspectos. Allí viven una gran variedad de plantas y animales. Muchos de ellos viven únicamente en esa región. De hecho, allí se encuentran la mayoría de las plantas y animales en **peligro de extinción** del estado.

cola de una ballena gris

Ballenas majestuosas

El mamífero marino estatal es la ballena gris. Estas ballenas **migran** en otoño siguiendo la costa de California. Cada año, miles de turistas van a avistar estos animales maravillosos.

La costa y el comercio

La región costera tiene algunos de los puertos más activos del mundo. Enormes barcos llevan y traen productos hacia y desde esos puertos. Los dos puertos más grandes de Estados Unidos son los de Los Ángeles y Long Beach, ambos en la costa sur.

Economía

Big Sur, en la costa central, tiene algunos de los paisajes más bellos del estado.

La región del Valle Central

La geografía suele afectar el tipo de trabajo que se realiza. En la costa, las personas producen bienes en las fábricas. También trabajan en tiendas, oficinas y puertos. En el Valle Central, las tareas principales son el cultivo, la recolección y el transporte de las cosechas. Este valle es uno de los más grandes del mundo. Se extiende 450 millas (724 kilómetros) por el centro del estado. Fresno, Bakersfield y Stockton son ciudades importantes en la región. Otra ciudad importante es Sacramento. ¡Es la capital del estado!

El Valle Central tiene suelo **fértil**. Es muy soleado. Por eso, la temporada de cultivo de la región es larga. Se trata de uno de los mejores lugares del mundo para cultivar. Los agricultores siembran más de 250 variedades de frutas, verduras y frutos secos. Pero el valle no solo es un buen lugar para cultivar. También se cría ganado para obtener carne y productos lácteos. Cada año, esos productos generan casi $17,000 millones.

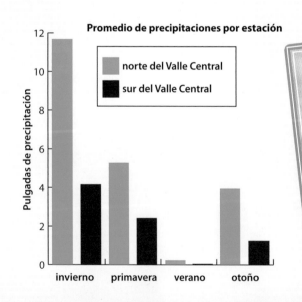

Promedio de precipitaciones por estación

- norte del Valle Central
- sur del Valle Central

Eje vertical: Pulgadas de precipitación (0, 2, 4, 6, 8, 10, 12)

Eje horizontal: invierno, primavera, verano, otoño

El clima del valle

Los veranos en el Valle Central son calurosos y secos, y los inviernos son frescos y húmedos. En el norte del valle, pueden caer hasta 20 pulgadas (51 centímetros) de lluvia al año. El sur de la región es más seco. En realidad, se considera que es un desierto. Allí pueden caer menos de 5 pulgadas (13 centímetros) de lluvia al año.

Geografía

Los agricultores del valle riegan los cultivos al comienzo de la temporada.

¡Una gran industria!

En el Valle Central, se encuentra apenas el uno por ciento de las tierras de cultivo de Estados Unidos. Sin embargo, el valle produce un cuarto de los alimentos que se consumen en todo el país. Eso incluye casi la mitad de las frutas, los frutos secos y otros alimentos.

Economía

Sacramento

Cada estado tiene su capital. Es la ciudad donde trabajan los funcionarios del gobierno. Sacramento fue elegida capital de California en 1854. No era la ciudad más grande. Pero creció debido a su geografía. Se ubica en la **confluencia** del río de los Americanos y el río Sacramento. También quedaba cerca de las minas de oro. La ciudad creció con la llegada de los buscadores de oro. Luego, se convirtió en la última parada del ferrocarril que llegaba de la Costa Este.

John Sutter fue el primer poblador de Sacramento. Llegó en 1839. Primero, construyó un fuerte. También construyó un muelle en el río de los Americanos. Esa fue una entrada a las minas de oro. Tiempo después, se convirtió en un centro de comercio. Se intercambiaban cultivos y otros bienes. El comercio contribuyó a la expansión de la ciudad. Hoy, en esa zona hay tiendas y restaurantes.

Sacramento en la actualidad

En honor al ferrocarril

El ferrocarril del Este terminaba en Sacramento. Unía California con el resto de Estados Unidos. El Museo Ferroviario del Estado de California se construyó en honor a ese tren. Allí se exhiben 19 locomotoras de vapor. La más antigua del museo se construyó en 1862. Se la restauró para devolverle el aspecto que tenía cuando comenzó a rodar por las vías.

La construcción del edificio del Capitolio estatal comenzó en la década de 1860.

Apodos simpáticos

Sacramento tiene varios apodos. Algunos le dicen "El Gran Tomate". En la década de 1920, la ciudad tenía dos de las fábricas más grandes de **conservas**. Se conocían principalmente por la cantidad de tomates que enlataban. Otros llaman a Sacramento la "Ciudad de los Árboles". Afirman que tiene más árboles que cualquier otra capital, excepto París, en Francia.

Yosemite

El parque nacional Yosemite está en la Sierra Nevada. Este valle en forma de U se formó por los **glaciares**. Los glaciares seguían el curso de los antiguos arroyos. Ayudaron a crear accidentes geográficos como El Capitán (que se muestra aquí) y Half Dome.

Geografía

La región montañosa

California tiene dos cordilleras principales. Sierra Nevada es la cordillera más grande del estado. Mide más de 250 millas (402 kilómetros) de largo. Los picos alcanzan casi los 15,000 pies (4,572 metros) sobre el nivel del mar. En la parte baja de las montañas, el clima es fresco y frío. Los inviernos son húmedos y los veranos, secos. A mayor elevación, más frío hace. Los picos están cubiertos de nieve durante todo el año. Esa nieve es la principal fuente de agua del estado.

La Cadena Costera se extiende paralela a la costa. Cubre unos dos tercios del estado. Los picos de esta cordillera están a unas 50 millas (80 kilómetros) de la costa. Pueden alcanzar los 8,000 pies (2,438 metros) sobre el nivel del mar. El aire húmedo del océano afecta el clima en estas montañas. Del lado del océano, el tiempo es fresco y brumoso. En el sector oriental de la cordillera, es más seco y cálido.

valle de Yosemite

Adiós al oso pardo

El oso pardo es el animal oficial de California. Pero está extinto en el estado. Antiguamente, cientos de osos pardos vivían en las montañas. Menos de 75 años después del descubrimiento de oro, se había exterminado a todos los osos pardos del estado.

Un oso pardo atrapa un pez en Alaska.

Árboles gigantes

La Sierra Nevada se formó hace 200 millones de años. La cordillera es mayormente de **granito**. Esta roca dura dificulta el crecimiento de las plantas. Sin embargo, en estas montañas viven las secuoyas. Las secuoyas son árboles enormes. Son los seres vivos más grandes de la Tierra. Pueden vivir 3,000 años. Algunas de las secuoyas más altas miden 300 pies (91 metros) de altura. Estos árboles extienden sus raíces en todas las direcciones. Quieren captar la mayor cantidad de agua posible. Es sorprendente que las raíces estén apenas unos 5 pies (1.5 metros) bajo tierra. Es poca la profundidad por tratarse de árboles tan altos.

Para crecer, necesitan el ambiente perfecto. La Sierra Nevada tiene todo lo que necesitan. La elevación y el aire seco permiten que las piñas de los árboles se abran y liberen sus semillas. Las intensas nevadas brindan a los árboles agua suficiente para beber. Las secuoyas consumen miles de galones de agua por día. Sin las características geográficas adecuadas, estos árboles no podrían crecer ni sobrevivir.

El rey del bosque

El General Sherman es el árbol vivo más grande del mundo. Con sus 2,100 años, pesa más de 2 millones de libras (907 toneladas métricas). Mide 275 pies (84 metros) de altura y 100 pies (30 metros) de ancho en la base del tronco. El contorno de algunas de sus ramas mide 7 pies (2 metros). Eso quiere decir que las ramas son más anchas que la mayoría de los árboles enteros que se encuentran al este del río Misisipi.

367 pies

300 pies

20 pies

6 pies

secuoya
gigante

secuoya

casa

persona

árbol General Sherman

La región desértica

Los desiertos son muy secos. Aunque no lo creas, los desiertos y las montañas están relacionados. Cuando el aire húmedo del océano sube por las montañas, deja a su paso lluvia y nieve. Eso se llama *efecto de sombra de lluvia*. El aire que llega al otro lado de las montañas es seco.

Los desiertos y los océanos también están relacionados. Las tierras que están lejos del océano pueden convertirse en un desierto. El océano afecta la temperatura. Cerca de la costa, está más fresco. En el desierto, hace mucho calor durante el día, pero puede hacer mucho frío por la noche.

El desierto de California no es **estéril**. La región tiene ciudades importantes. Algunas de las más grandes son Palmdale, Indio, Apple Valley y Palm Springs. Muchos turistas las visitan cada año. Llegan para disfrutar de la vida silvestre y la belleza natural del lugar.

El desierto tiene muchos usos. Es rico en **minerales**. El sol y el viento se aprovechan para producir electricidad. Hay **parques eólicos** enormes en la región.

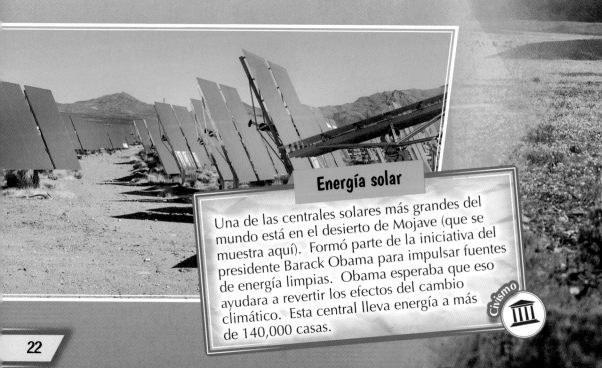

Energía solar

Una de las centrales solares más grandes del mundo está en el desierto de Mojave (que se muestra aquí). Formó parte de la iniciativa del presidente Barack Obama para impulsar fuentes de energía limpias. Obama esperaba que eso ayudara a revertir los efectos del cambio climático. Esta central lleva energía a más de 140,000 casas.

Civismo

En el Valle de la Muerte, crecen flores silvestres del desierto.

La flora y la fauna del desierto

La *flora* son las plantas. La *fauna* son los animales. Cada región del estado tiene una flora y una fauna propias. Las plantas y los animales del desierto son especiales.

La planta de yuca crece en todo el desierto. Puede ser de muchas formas y tamaños. El árbol de Josué es una variedad de yuca. Tiene ramas retorcidas y hojas puntiagudas. El mejor lugar para verlo es el parque nacional Joshua Tree. También puedes ver flores silvestres de primavera en el desierto.

La fauna del desierto incluye mamíferos, reptiles, anfibios y aves. Más de 250 **especies** de aves tienen su hogar en el desierto. Y no olvidemos los insectos. Hay 75 tipos de mariposas. Quienes van al desierto deben tener cuidado con las tarántulas y los escorpiones. ¡Pueden medir hasta 5 pulgadas (13 centímetros) de largo! En el suelo, las lagartijas y las serpientes están bien adaptadas para vivir en el desierto.

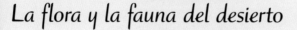

La amapola de California

La amapola de California es la flor oficial del estado. Fue elegida en 1903. Algunos la llaman campanilla o copa de oro. La amapola de California crece de manera silvestre en los campos de todo el estado. Los indígenas de California hervían las partes verdes de la planta y las comían. También usaban el aceite de sus flores.

parque nacional Joshua Tree

No toques esa tortuga

¿Te gustaría tener una tortuga como mascota? En California, la ley prohíbe sacar una tortuga de su entorno silvestre. Para tener una tortuga del desierto, se necesita un permiso. Una vez emitido el permiso, se coloca un adhesivo con un número en la tortuga. Eso le permite al estado hacer un seguimiento de estas mascotas tan especiales.

Civismo

tortuga del desierto

surf en el sur de California

Algo para cada uno

California recibe visitantes de todo el mundo. Recorren caminos y puentes cruzando montañas y ríos en tren o en carro. Las bahías del estado son puertos muy activos. Los turistas llegan para ver árboles gigantescos y extraños como la secuoya y el árbol de Josué. Los primeros visitantes exploraron el valle de Yosemite. Allí vieron cómo el hielo desgastaba la roca. Y exploraron el Valle de la Muerte para contemplar la belleza sencilla de un lugar sin agua.

La geografía de California tiene una gran diversidad. El movimiento de las placas terrestres formó sus montañas altas. Detrás de las montañas, hay desiertos calurosos y secos. Los vientos que llegan desde el océano enfrían la costa. Y el fértil valle ofrece ricas tierras de cultivo. Todas estas regiones diferentes hacen que el estado sea especial. Hay pocos lugares en la Tierra que combinen tantas características geográficas.

¡Solo en California!

Puedes ir en carro al oeste para nadar y practicar surf en las playas. Luego, puedes hacer un viaje de una hora hacia el noreste para esquiar. Después, puedes subir parte de una montaña en teleférico y caminar hasta la cima. O puedes bajar de la montaña y andar en un vehículo especial por las dunas y entre los cactus. ¡Solo en California puedes hacer todas estas cosas!

esquí cerca del lago Tahoe

¡Haz un esquema!

Aprendiste sobre las cuatro regiones de California. Son la región costera, la del Valle Central, la montañosa y la desértica. Ahora, crea un mapa.

Dibuja un esquema de California. Marca las cuatro regiones, cada una con un color diferente. Luego, rotula algunas de las ciudades importantes del estado, como San Diego, Los Ángeles, Sacramento y San Francisco. ¡Asegúrate de marcar la capital con una estrella! Rotula algunos de los accidentes geográficos clave. Por ejemplo, puedes incluir el Valle de la Muerte, el desierto de Mojave o la Sierra Nevada.

Planifica un viaje al menos a una de las regiones. Escribe un párrafo sobre el lugar que te gustaría visitar y por qué. Menciona lo que se puede ver allí.

Sierra Nevada

Glosario

confluencia: el punto donde se unen dos cosas, por ejemplo, masas de agua

conservas: alimentos envasados

cordilleras: cadenas de montañas orientadas en una misma dirección

diversidad: una gran cantidad de cosas diferentes

especies: categorías de plantas o de animales que comparten rasgos

estéril: que tiene pocas plantas

falla: una fractura de la corteza terrestre

fértil: capaz de sustentar el crecimiento de muchas plantas

glaciares: masas de hielo que se mueven lentamente

granito: una roca muy dura que se usa en monumentos, edificios y casas

lema: una frase que identifica un lugar o una cosa

migran: se trasladan de un país o un lugar a otro

minerales: materiales duros que se encuentran en las rocas

parques eólicos: terrenos extensos donde se produce energía a partir del viento

peligro de extinción: el riesgo de desaparecer

placas: grandes pedazos de la corteza terrestre

símbolos: acciones, objetos o sucesos que representan cualidades o ideas particulares

singular: diferente de los demás

Índice

¡Tu turno!

Sello estatal

El comandante R. S. Garnett, del Ejército de EE. UU., diseñó el sello estatal original. No quería hacer público su diseño. Garnett le dio permiso a Caleb Lyon para que presentara su diseño al estado. El sello se aprobó en 1849. Se rediseñó cuatro veces. La última versión es de 1937.

Diseña un sello nuevo y moderno para California. Dibújalo y coloréalo. Rotula y explica cada imagen o símbolo que hayas usado para representar al estado.